Bibliografische Information der Deutschen Nationalbibliothek:

Die Deutsche Bibliothek verzeichnet diese Publikation in der Deutschen National-
bibliografie; detaillierte bibliografische Daten sind im Internet über http://dnb.d-
nb.de/ abrufbar.

Impressum:

Copyright © 2006 GRIN Verlag, Open Publishing GmbH
Druck und Bindung: Books on Demand GmbH, Norderstedt Germany
ISBN: 9783656721918

Dieses Buch bei GRIN:

http://www.grin.com/de/e-book/57063/herstellen-einer-schutzkontakt-verlaenge-
rungsleitung-unterweisung-elektroniker

Dirk Jüngling

Herstellen einer Schutzkontakt-Verlängerungsleitung (Unterweisung Elektroniker / -in)

GRIN Verlag

GRIN - Your knowledge has value

Der GRIN Verlag publiziert seit 1998 wissenschaftliche Arbeiten von Studenten, Hochschullehrern und anderen Akademikern als eBook und gedrucktes Buch. Die Verlagswebsite www.grin.com ist die ideale Plattform zur Veröffentlichung von Hausarbeiten, Abschlussarbeiten, wissenschaftlichen Aufsätzen, Dissertationen und Fachbüchern.

Besuchen Sie uns im Internet:

http://www.grin.com/

http://www.facebook.com/grincom

http://www.twitter.com/grin_com

Inhaltsverzeichnis - Unterweisungsentwurf

Thema: Herstellen einer Schutzkontakt-Verlängerungsleitung

I. Formaler Teil

II. Inhaltlicher Teil

Dirk Jüngling

Unterweisungsentwurf

I.   Formaler Teil

1. Thema der Unterweisung

Herstellung einer Schutzkontakt-Verlängerungsleitung

2. Sachanalyse

Schutzkontakt-Verlängerungsleitungen sind für den Anschluss von elektrischen Verbrauchern an rasch wechselnden Arbeitsorten sowie im privaten Bereich notwendig. Eine Schutzkontakt-Verlängerungsleitung besteht aus mehreren Einzelteilen: Dem Schutzkontaktstecker und der Schutzkontaktkupplung, verbunden durch eine Verbindungsleitung. Der Schukostecker und die Schukokupplung bestehen aus einem genormten Gehäuse mit jeweils drei innen befindlichen Leitungsanschlüssen, zwei davon Anschlüsse für die Spannung und einer zum Anschluss des Schutzleiters, sowie eine Zugentlastung für die Leitung. Als Leitung muss eine flexible Leitung ausgewählt werden, sie muss fachgerecht abgemantelt werden, um die darin befindlichen Adern später abisolieren zu können. Anschließend werden die Einzeladern mit Aderendhülsen versehen. Nachdem die Adern im Schukostecker und in Schukokupplung angeschlossen wurden ist auf das richtige anziehen der Zugentlastung innerhalb dieser beiden Verbindungsstücke unbedingt zu achten.

+++ Wichtiger Hinweis zur Unfallvermeidung +++

Falscher Umgang mit Kabelmesser, Abisolierzange und Seitenschneider kann zu Schnitt- und Quetschverletzungen führen.
Beim Anschluss ist die maximalle Strombelastung der Leitung zu beachten, um eine mögliche Verschmelzung oder einem Brand vorzubeugen.
Ein Einsatz darf erst nach einer Sicht-, Isolations- und Funktionsprüfung „BGV A3 –Prüfung" erfolgen.

3. Groblernziel

Die Auszubildenden sollen das sichere und sorgfältige Montieren und anschließen von elektrischer Betriebsmittel erlernen.

4. Feinlernziele

Der Auszubildende soll eine Schutzkontakt-Verlängerungsleitung fachgerecht herstellen können und sein Ergebnis bewerten können.

4.1 Psychomotorische Lernziele

Der Auszubildende soll in der Lage sein, eine Schutzkontakt-Verlängerungsleitung fachgerecht herstellen zu können und eventuellen Fehler selbst beheben. Durch das Nachmachen und Üben festigt und verinnerlicht der Azubi seine neu erlernten Fähigkeiten.

4.2 Kognitive Lernziele

Der Auszubildende soll:
- erläutern können, wie er die Arbeit selbständig ausführt
- erläutern können, warum der Schutzleiter länger sein muss als die L1 und Neutralleiter
- soll das eigene Ergebnis selber beurteilen können.

4.3 Affektive Lernziele

Der Auszubildende soll:
- bereit sein, sorgfältig zu arbeiten
- verstehen, wie eine Schutzkontakt-Verlängerungsleitung aufgebaut ist
- bereit sein, Unfallverhütungsvorschriften zu beachten.

5. Begründung

Die Herstellung einer Schutzleiter-Verlängerungsleitung ist für die Arbeit als Elektroniker unerlässlich. Wird diese unsachgemäß durchgeführt kann möglicherweise ein tödlicher Unfall oder auch ein materieller Schaden hervorgerufen werden. Daher wird die ordnungsgemäße Herstellung als grundlegende Tätigkeit bereits im ersten Ausbildungsjahr vermittelt.

Die Einordnung erfolgt in Absatz 1 Nr.7 des § 14.

b) Leitungen auswählen und zurichten sowie Baugruppen und Geräte mit unterschiedlichen Anschlusstechniken verbinden
c) Leitungswege und Gerätemontage unter der Beachtung der Umgebungsbedingungen festlegen
d) elektrische Betriebsmittel und Leitungsverlegesysteme auswählen und montieren
e) Leitungen installieren

6. Ausgangssituation

a) Anzahl der Azubis: 2
b) Lehrjahr: 1
c) Alter: 17. Jahre, 18. Jahre
d) Geschlecht: 1 x weiblich
    1 x männlich
d) Schulische Vorbildung: Realschulabschluss, Fachoberschulreife
e) Vorkenntnisse: Benötigte Vorkenntnisse wurden bereits in der Ausbildungswerkstatt mit wesentlichen Grundlagen in den Ausbildungsbereichen „Kabel und Leitungen" sowie „Werkzeuge" erlangt.

7. Lernort

Als Lernort wird die Unternehmens eigene Ausbildungsstätte, da dass Ausbildungs-Kabinett im Raum 217 genutzt.

8. Geplante Dauer der Unterweisung

Die Unterweisungsdauer wird vorläufig auf ca. 40 Minuten festgelegt.

9. Methodenwahl

Die Unterweisung findet nach der 4-Stufenmethode statt, da diese zur Vermittlung der psychomotorischen Lernziele sehr geeignet ist. Da die Schwerpunkte auch den kognitiven und affektiven Bereich betreffen, versuche ich den Auszubildenden durch aktive Handreichungen und Fragen zu einem positiven Ergebnis zu führen.

II. Inhaltlicher Teil

1. Motivation

Das Herstellen einer Schutzkontakt- Verlängerungsleitung ist für Auszubildende meistens eine Motivation, da mit einem relativ geringen Arbeitsaufwand ein vorzeigbares Arbeits-Ergebnis geschaffen wird.
Bevor der Auszubilden die Aufgabe ausführt, sollte sich der Ausbilder jedoch erkundigen, ob dass verwendete Werkzeug, die Arten der Leitungen und das anwenden von Aderendhülsen bereits vermittelt wurde. Außerdem sollte vor der Unterweisung unbedingt über die Sicherheitsbestimmungen gesprochen werden, um die neu erlernende Tätigkeit ohne einem Unfall ausüben zu können.

2. Erarbeitungsphase

Zeit in Min	Arbeitsschritte Was?	Ausführungs- hinweise Wie?	Begründung Warum?	Methoden/ Medien U-Grundsätze
2,5	Der Ausbildende stellt beiden Azubis die zum Endergebnis führenden Einzelteile vor und öffnet danach seine Kupplung um diese zu zeigen.	Schukostecker, -kupplung und Ver-bindungsleitung werden nacheinander in die Hand ge-nommen und beiden Azubis vorgezeigt.	Eine Vorstellung des „Gesamtprojektes" zu gewinnen.	4-Sufen-Methode (2. Stufe)
2,0	Jeder Azubi schraubt nun selbst seinen Schokostecker auf.	Mit dem Schrauben-dreher in Verbindung mit den Fingern.	Beide Azubis sollen sich das „Innenleben" anschauen können.	Prinzip der Praxisnähe Prinzip der Aktivität
2,5	Ausbilder erklärt nun die einzelnen. An-schlüsse und Funktion der Zugentlastung.	Auf Anschlüsse und Zugentlastung mit zeigen.	Verstehen der Funktion von den Anschlüssen und Zugentlastung.	Prinzip der Anschaulichkeit
2,5	Ausbilder erklärt wie weit der Mantel der Leitung abisoliert wird und führt dies praktisch vor.	Mit dem Kabelmesser in Verbindung mit der Hand.	Azubis sollen sehen wie weit die Leitung abgemantelt wird.	Prinzip der Anschaulichkeit.
3,0	Azubis entmanteln nun eigenständig je ein Leitungsende.	Mit dem Kabelmesser und mit den Händen.	Ein Gefühl für die Weite des Ab-manteln vermitteln.	Prinzip der Praxisnähe.
3,0	Ausbilder erklärt nun die Anpassung der Adern an den Stecker, und kürzt die Adern.	Mit dem Seiten-schneider schneidet er die Adern zurecht.	Azubis sehen, dass Schutzleiter länger ist, als die beiden anderen Adern.	Prinzip der Anschaulichkeit.
4,0	Azubis kürzen die Adern nun selbst, auf ein geeignetes Maß.	Mit der Abisolier-zange und mit dem Seitenschneider.	Beide sollen „Auge" für die Länge der Adern bekommen.	Prinzip der Praxisnähe.
4,5	Ausbilder presst Aderendhülsen an dem Leitungsende auf, Azubis machen diesen Schritt nach.	Aderendhülse auf Ader aufstecken und mit Aderendhülsen-zange zusammen-drücken.	Die Adern müssen, damit sie nicht „auffrieseln" mit Aderendhülsen überzogen werden.	Prinzip der Praxisnähe.
4,0	Ausbilder schließt seine Leitung fachge-recht im Schuko-stecker an. Er weißt das richtige anziehen der Zugklemme hin. Beide Azubis machen diesen Schritt nach.	Mit dem Fingern und mit dem Schraubendreher und Spitzzange.	Beide Azubis sollen erkennen, wie Adern im Schukostecker richtig verlegt werden und wie eine Zugent- lastung angezogen werden soll.	Prinzip der Anschaulichkeit. Prinzip der Praxisnähe.
12,0	Nun wird durch Azubis eine Schukokupplung am anderen Ende der Leitung vollständig angeschlossen.	Eigene Hände, Schraubendreher, Kabelmesser und Spitzzange.	Es ist darauf zu achten, dass keine Adern eingeklemmt werden.	Prinzip der Praxisnähe Prinzip der Erfolgssicherung.

3. Übungsphase

Die Übungsphase findet aufgrund vieler Kleinigkeiten die bei der Herstellung einer voll- ständigen Schutzkontaktverlängerungsleitung beachtet werden müssen, direkt beim Anschluss vom Schutzkontaktstecker statt. Der Auszubildende soll direkt lernen auf welche Besonderheiten zu achten sind.

4. Kontrollphase

Der Ausbilder lässt nachdem der Schutzkontaktstecker geschlossen wurde, am anderen Ende eine Schutzkontaktkupplung installieren. Dabei sollen beide Azubis ganz selbst-ständig vorgehen und Ihr Wissen, welches Sie zuvor am Schutz-kontaktstecker erworben haben umsetzen. Im Anschluss daran kontrolliert der Ausbilder das Gesamtergebnis und bespricht dieses mit beiden Azubis gemeinsam. Wenn die Aufgabe den Ausbilder zufriedenstellt lobt er beide, ansonsten spricht er die erkannten Mängel an und zeigt eine Möglichkeit zu Lösung des Mangels auf.

BEI GRIN MACHT SICH IHR WISSEN BEZAHLT

- Wir veröffentlichen Ihre Hausarbeit,
  Bachelor- und Masterarbeit

- Ihr eigenes eBook und Buch -
  weltweit in allen wichtigen Shops

- Verdienen Sie an jedem Verkauf

Jetzt bei www.GRIN.com hochladen
und kostenlos publizieren